EDICT DV ROY,

PORTANT CREATION

de dix-sept Iurez Vendeurs &
Controlleurs de vins, Pour estre
vnis & incorporez auec les anciens Iurez Vendeurs & Controlleurs de vins en la ville & faux-
bourgs de Paris. *Mars 1639.*

*Verifié en la Cour des Aydes, le seiziesme
Auril mil six cens trente-neuf.*

A PARIS,

DC. XXXIX.

LOVIS par la grace de Dieu Roy de France & de Nauarre. A tous presens & à venir, Salut. Nous auons esté obligez pour maintenir l'honneur de nostre Couronne & conseruer nostre Estat, de rechercher diuers moyens pour fournir aux grandes despenses qu'il nous conuient faire pour la subsistance de nos armées tant dedans que dehors nostre Royaume, entr'autres de creer par nostre Edict du mois de Nouembre dernier, Vingt-vn Iurez Vendeurs & Controlleurs de vins en nostre ville & faux bourgs de Paris, trois Receueurs, & trois Controlleurs generaux, pour estre vnis & incorporez auec les quarante trois anciens Vendeurs & Controlleurs de Vins : Et iouyr coniointement par lesdits Officiers de l'augmentation de droicts, tant de vente que de controlle, & du vingt-vn pour vingt des droicts d'entrées contenus audit Edict: Lequel ny l'Arrest de nostre Conseil donné sur iceluy le vingtiesme dudit mois de Nouembre n'ont eu aucune suitte ny

execution : attendu le preiudice qu'ont
pretendu leur estre fait lesdits quarante-
trois anciens Vendeurs & Controlleurs
tant par l'augmentation inutile desdits
Officiers que nouuelle finance. En conse-
quence dequoy ils nous ont presenté re-
queste afin de les descharger tant de ladite
creation & augmentation d'Officiers, que
des taxes & autres charges portées par ledit Edict. A CES CAVSES, apres
auoir fait reuoir lesdits Edict & Arrest, &
mis ceste affaire en deliberation en nostre
Conseil où estoient aucuns Princes de
nostre sang, Officiers de nostre Couronne
& autres grands & notables personnages,
desirans l'accommodation & soulagement
desdits anciens Iurez Vendeurs & Controlleurs ; DE L'ADVIS de nostredit
Conseil, & de nostre pleine puissance &
authorité Royale, Nous auons reuoqué &
reuoquons lesdits Edict & Arrest de Nouembre dernier. Et par cettuy nostre pre-
sent Edict perpetuel & irreuocable, creé,
erigé & estably, creons, erigeons & esta-
blissons en tiltre d'Office formé, dix-sept
Iurez Vendeurs & Controlleurs de vins
tant muscats qu'autres, cidres & boissons

en noſtredite ville & faux-bourgs de Paris:
Et iceux ioints, vnis & incorporez, ioi-
gnons, vniſſons & incorporons par ces
preſentes, auec leſdits quarante-trois anciens Iurez Vendeurs & Controlleurs, qui
feront en tout le nombre de ſoixante Iurés
Vendeurs Controlleurs deſdits vins & au_
tres boiſſons, qui ne pourra eſtre cy-apres
augmenté pour quelque cauſe & occaſion
que ce ſoit, pour iouyr par leſdits nouueaux
Officiers des meſmes fonctions, droicts &
priuileges dont iouyſſent leſdits quarante-
trois anciens, auſquels Officiers tant nouueaux que anciens, Nous auons attribué &
attribuons par augmentation quatre deniers pour liure qui feront auec les ſix deniers dont iouyſſent leſdits quarante trois
Vendeurs & Controlleurs, dix deniers
pour liure de toutes les ventes de vins, cidres & boiſſons où ils feront pris pour Vendeurs, & quatre deniers pour liure qui feront auſſi auec les quatre deniers dont
iouyſſent pareillement leſdits quarante-
trois Vendeurs Controlleurs huict deniers
pour liure, qui leurs feront d'oreſnauant
payez pour droict de regiſtre & Controlle
de tous les vins tant muſcats qu'autres, ci-

A iij

dres & boiſſons qui ſeront vendus en gros
és ports, places publiques, cours, caues,
ſolles, ſcelliers & autres lieux publics &
particuliers de noſtredite ville & faux-
bourgs de Paris, ſans que les Vendeurs &
Controlleurs tant anciens que nouueaux
puiſſent perceuoir que l'vn deſdits droicts
de vente ou Controlle, conformément à
nos lettres de Declaration du mois de May
mil ſix cens trente-cinq, regiſtré où beſoin
a eſté, laquelle nous voulons eſtre execu-
tée de poinct en poinct ſelon ſa forme &
teneur, tant pour la perception des nouueaux droicts que des anciens ſur les meſmes peines portées par icelles. VOVLONS
auſſi que les douze Marchands de vin, &
vingtcinq Cabaretiers priuilegiez de noſtre
Cour & ſuitte, demeurent francs & exĕpts
du payemĕt des droits deſdits Vendeurs &
Controlleurs de la quantité ſeulemĕt dont
ils ſont exempts ſuiuant l'Arreſt de regle-
ment de noſtre Conſeil du ſixieſme Iuillet
mil ſix cens trente-quatre : Et iouyrõt leſd.
ſoixante Vendeurs & Controlleurs de vins
deſdits droits tant anciens que nouueaux,
enſemble du droict d'entrée de vingt-vn

pour vingt, que nous leur auons en tant que
befoin feroit attribué & attribuons par cef-
dites prefentes à l'efgard de ceux pour lefquels ils auront payé lefdits droicts d'entrée à nos Fermiers : lefquels à cefte fin feront tenus de leur en faire deduction, comme il a efté cy-deuant fait, afin de definte-
reffer lefdits Vendeurs & Controlleurs des
grandes fommes de deniers qu'ils emprun-
tent à interefts pour furuenir au payement
defdits droicts d'entrée : Ce qui eft vtile à
nos fermes & aux Marchãds & Vignerõs
qui n'ont moyen de payer lefdits droicts,
demeurant neantmoins comme il a touf-
iours efté en la liberté defdits Marchands
& Vignerons de payer eux mefmes ladite
entrée fi bon leur femble, & par ce moyen
profiter dudit vingt-vn pour vingt. E t
pour ces mefmes raifons, Voulons que les
quarante-trois anciens Vendeurs & Controlleurs demeurent quittes & defchargez
des taxes faites ou à faire fur eux, pource
qu'ils ont cy-deuant perceu dudit droict
de vingt-vn pour vingt : Comme auffi du
fupplement de finance de l'augmentation
de droicts portée par noftredite Declaration de May mil fix cens trente-cinq, & du

furhauſſement de monnoye pour n'auoſ
manié que leurs propres deniers, en payant
neantmoins par leſdits quarante-trois anciens Vendeurs & Controlleurs és mains
du Treſorier de nos parties Caſuelles ou
du porteur de ſes quittances, les ſommes
auſquelles chacun d'eux ſera moderement
taxé en noſtredit Conſeil, pour les attribu-
tions & deſcharges qui leurs ſont faites par
le preſent Edict. Et par leſdits dix ſept
Vendeurs & Controlleurs nouuellement
creez, la finance à laquelle leſdits Offices
ſeront taxez: Leſquels nouueaux Officiers,
Nous voulons eſtre receus à payer cinquā-
te liures par an , ainſi que leſdits anciens
Vendeurs & Controlleurs, pour iouyr de
la diſpenſe d'aller ou ſe faire porter à l'Ho-
ſtel de noſtredite ville de Paris pour reſi-
gner leurs Offices en perſonne, ſans qu'au
moyen de ladite augmentation de droicts,
leſdits Vendeurs & Controlleurs tant anciens que nouueaux puiſſent eſtre taxez cy-
apres à plus grande ſomme que leſdits cin-
quante liures de recognoiſſance annuelle,
ny que leſdits nouueaux Officiers ſoient
tenus pour la iouyſſance de ladite diſpenſe
de fournir, preſter ou aduancer aucune

autre finance ny fomme de deniers dont
nous les tenons dés à prefent quittes &
defchargez ; & fans auffi que ladite nouuelle creation defdits dix-fept Vendeurs
& Controlleurs puiffe preiudicier au droit
de prouifion des Preuoft des Marchands &
Efcheuins de noftredite ville de Paris, va-
cation aduenant defdits Offices. VOVLONS
en outre pour euiter aux fraudes & defgui-
femens qui fe font iournellement par ceux
qui amenent & font arriuer des vins en
noftredite ville de Paris, que lefdits Vendeurs & Côtrolleurs eftabliffent vn bureau
au port S. Paul d'icelle, ainfi qu'ils en ont
fur le port de Vente & eftape, auquel tous
Marchands de vins, Tauerniers & autres
ou leurs Facteurs, feront tenus d'aller faire
leur declaration des quãtitez de vins qu'ils
auront fait arriuer, & y reprefenter leurs
lettres de voiture deuëment faites, & ce
auparauant l'enleuemẽt defdits vins, comme il fe fait à l'efgard du Fermier de nos
Aydes à peine de cent liures d'amende, &
de payement des droicts defdits Vendeurs
& Controlleurs, tout ainfi que fi lefdits
vins auoient efté vendus fur le port de Vente & Eftape, & fans que pour ce iceux Ven-

deurs & Controlleurs puiſſent pretendre
aucun ſallaire. SI DONNONS
EN MANDEMENT à nos amez &
feaux Conſeillers, les Gens tenans noſtre
Cour des Aydes, Preuoſt des Marchands
& Eſcheuins de noſtredite ville de Paris,
Que le preſent Edict ils faſſent lire, publier
& regiſtrer purement & ſimplement, & du
contenu en iceluy iouyr & vſer leſdits anciens & nouueaux Vendeurs & Controlleurs, ſans permettre qu'il y ſoit contreue-
nu, nonobſtant toutes Ordonnáces, Edicts,
Declarations, Reglemens, Arreſts, Iuge-
mens & autres choſes à ce contraires, auſquelles nous auós en tant que beſoin ſeroit
dérogé & dérogeós par ceſdites preſentes,
& tous empeſchemens, oppoſitions & ap-
pellations quelſconques, la cognoiſſance
deſquelles ſi aucunes interuiennent, nous
auons retenue à noſtre Conſeil, & icelle
interdite à tous autres Iuges : CAR tel eſt
noſtre plaiſir. Et afin que ce ſoit choſe fer-
me & ſtable à touſiours, Nous auons fait
mettre noſtre ſeel à ceſdites preſentes, ſauf
en autres choſes noſtre droict & l'autruy
en toutes. DONNE' à Sainct Germain
en Laye au mois de Mars, l'an de grace mil

fix cens trente-neuf, Et de noftre regne le vingt-neufiefme. Signé, LOVIS, A cofté vifa : Et plus bas, Par le Roy, De Lomenie : Et feellé en lacqs de foye rouge & vert du grand fceau de cire verte. Et au deffous eft efcrit ce qui enfuit :

Regiftrées en la Cour des Aydes du tres-expres commandement du Roy, ouy fon Procureur general pour eftre executées felon leur forme & teneur, fuiuant l'Arreft du iourd'huy donné. A Paris le feiziéme Auril mil fix cens trente-neuf. Signé, BOVCHER.

Regiftré au Greffe de l'Hoftel de Ville de Paris, pour eftre executées felon fa forme & teneur, fuiuant l'acte de ce iourd'huy dix-neufiefme iour de May mil fix cens trente-neuf. Signé, LE MAIRE.

EXTRAICT DES REGISTRES
de la Cour des Aydes.

VEV par la Cour les Lettres patentes du Roy en forme d'Edict données à fainct Germain en Laye au mois de Mars mil six cens trente-neuf, Signées Louïs. Et plus bas, Par le Roy De Lomenie, à costé visa, & seellées en lacqs de soye rouge & vert du grand seau de cire verte : par lesquelles & pour les causes y contenuës, sa Majesté de l'aduis de son Conseil & de son authorité Royale, auroit reuoqué l'Edict & Arrest de sondit Conseil du mois de Nouembre mil six cens trente-huict, portant creation de vingt-vn Iurez Vendeurs & Controlleurs de vins de ceste ville & faux-bourgs de Paris, trois Receueurs, & trois Controlleurs generaux : Et par ledit Edict creé & erigé en tiltre d'Office formé dix-sept Iurez Védeurs & Controlleurs de vins tãt muscats, que autres, cidres & boissous en ladite ville & faux-bourgs: Et iceux ioints, vnis & incorporez auec les quarãte trois anciens Iurez Vendeurs & Controlleurs de vins, qui feront en tout le nombre de soixante : lequel ne pourroit estre cy-apres augmenté pour quelque cause & occasion que ce soit, pour iouyr par lesdits nouueaux Officiers des mesmes fonctions, droicts & priuileges dont iouyssoient lesdits quarante-trois anciens : Ausquels Of-

ficiers tant anciens que nouueaux sa Ma̅-
iesté attribuë par augmentation de droicts
quatre deniers pour liure, qui seront auec
les six deniers dont iouyssoient lesdits quarante-trois Vendeurs & Controlleurs, dix
deniers pour liure de toutes les ventes de
vins, cidres & boissons où ils seront pris
pour vendeurs, & quatre deniers pour liure,qui seront aussi auec les quatre deniers
dont iouyssoient pareillement lesdits quarante-trois Vendeurs & Controlleurs,huit
deniers pour liure qui leur seront d'ores-
nauant payez pour droict de registre &
controlle de tous les vins tant muscats que
autres, cidres & boissons qui seront vendus
en gros és ports, places publiques, courts,
caues,folles,scelliers & autres lieux publics
particuliers de ladite ville & faux-bourgs
Paris, sans que lesdits Vendeurs & Controlleurs tant anciens que nouueaux puis-
sent perceuoir que l'vn desdits droicts de
vente ou controlle, conformément aux
lettres de Declaration du mois de May mil
six cens trente-cinq : Comme aussi veut
sadite Maiesté que les douze Marchands,
& vingt-cinq Cabaretiers priuilegiez de sa

Cour & fuitte demeurēt francs & exempt
du payement des droicts defdits Vendeur
& Controlleurs de vins de la quantité feu-
lement dont ils font exempts fuiuant l'Arreft dudit Confeil du fixiefme Iuillet mil
fix cens trente quatre; Comme auffi iouy-
ront lefdits foixante Vendeurs & Controlleurs de vins defdits droicts tant anciens
que nouueaux : enfemble du droict d'entrée de vingt vn pour vingt, que leur at-
tribue fadite Maiefté en tant que befoin eft
ou feroit, en payant par les quarante trois
anciens les fommes aufquelles ils feront
moderement taxez au Confeil ; Et par lefdits dix-fept nouuellement creez, la finance à laquelle lefdits Offices feront taxez; le
tout & ainfi que plus au long le contiennēt
lefdites lettres à ladite Cour adreffantes
pour y eftre verifiées, conclufions du Procureur general du Roy, le tout confideré.
LA COVR du tres expres commandement du Roy, a ordonné & ordon-
ne lefdites Lettres en forme d'Edict eftre
verifiées & regiftrées au Greffe d'icelle,
pour eftre executées felon leur forme &
teneur. PRONONCE' le feiziefme iour

d'Auril mil six cens trente-neuf. Signé,
BOVCHER.

Collationné aux Originaux par moy
Conseiller, Secretaire du Roy
& de ses Finances,